CEREJEIRA

FELIPE FORTUNA

CEREJEIRA

poemas

TOPBOOKS

Copyright © Felipe Fortuna

EDITOR
José Mario Pereira

EDITORA ASSISTENTE
Christine Ajuz

REVISÃO
Miguel Barros

PRODUÇÃO EDITORIAL
Davi Holanda

CAPA E PROJETO GRÁFICO
Miriam Lerner | Equatorium Design

Dados Internacionais de Catalogação na Publicação (CIP)
(Câmara Brasileira do Livro, SP, Brasil)

Fortuna, Felipe
Cerejeira : poemas / Felipe Fortuna. --1. ed. -- Rio de Janeiro : Topbooks
Editora, 2023.

ISBN 978-65-5897-027-9

1. Poesia brasileira I. Título.

23-178830
CDD-B869.1

Índices para catálogo sistemático:
1. Poesia : Literatura brasileira   B869.1
Aline Graziele Benitez - Bibliotecária - CRB-1/3129

TODOS OS DIREITOS RESERVADOS POR

Topbooks Editora e Distribuidora de Livros Ltda.
Rua Visconde de Inhaúma, 58 / gr. 203 – Centro
Rio de Janeiro – CEP: 20091-007
Tels: (21) 2233-8718 e 2283-1039
topbooks@topbooks.com.br

SUMÁRIO

Um poeta dentro do nevoeiro do século – *Nuno Rau*............9

Nota do autor...17

01. O Feto Assim Flagrado...19

02. A Moça na Livraria..21

03. Amou, Não Amou...22

04. As Helenas...23

05. O Caleidoscópio..24

06. Editora do Autor..25

07. Dois Poemas para o Meu Inimigo..............................26

08. Lêmur...29

09. Enquanto a Lua...30

10. Falou & Disse...31

11. Poema Estante..32

12. O Fruto Duro...33

13. De Quatro em Quatro...34

14. Cerejeira..38

15. Politesse..39

16. Escrever é Braçal...40

17. O Lugar da Fala...41

18. Concursos Literários...42

19. O Fazedor de Heroicos..43

20. O Fazedor de Sáficos **44**
21. Homo **45**
22. Adiado o Anno Domini **46**
23. Soneto Todo Censurado **47**
24. No Centenário de João Cabral de Melo Neto **48**
25. Os Cabelos Fluentes **50**
26. O Incrível Encontro de Buster Keaton com Samuel
    Beckett em Nova York e o *Film* que Filmaram Lá **51**
27. Moscou, a Capital **86**
28. Gavião **88**
29. Em Várias Ruas de Seul **89**
30. O Planeta de Todos Nós **90**
31. Rumo à Foz **91**
32. À Garrafa PET **92**
33. Onde Fica? **93**
34. Casal com Smartphones **95**
35. Mitologia Pedestre **97**
36. Matéria ao Vivo **98**
37. Liquidação **99**
38. Um Canto do Paraíso Fiscal **100**
39. O Homem Dentro do Viaduto **101**
40. Fake News e *Fake News* **103**
41. Poema Viral **104**
42. O Mundo Líquido **105**

Um poeta dentro do nevoeiro do século

Nuno Rau

A complexidade e a beleza de *Cerejeira*, este livro de Felipe Fortuna, nos são apontadas na relação entre seu título e os poemas que o compõem. Perde-se na História o momento em que, no Japão, a cerejeira foi definida como símbolo do fim do inverno e da aproximação da primavera, momento da abundância da colheita do arroz. Nessa cultura, sua floração serve tanto para significar alegria e paz, quanto para lembrar a todos sobre a brevidade da existência, porque a flor da cerejeira, *sakura*, floresce e murcha em poucos dias. A consciência da transitoriedade remete, em paralelo, à percepção de nossa fragilidade e ao desejo de viver intensa e verdadeiramente cada momento.

Ki no Tsurayuki, poeta japonês que viveu entre os século IX e X, empregava um recurso retórico chamado por alguns de *confusão elegante*, que pode ser demonstrado pelo poema traduzido por Olivia Yumi Nakaema: "*Paira o nevoeiro/ E os brotos nas árvores despontam./ Com o cair da neve de primavera, / Nesse vilarejo, onde não há flores, / Pétalas parecem cair"*. A escrita sutil manifesta dificuldade de distinguir à distância (e em meio ao nevoeiro) os flocos da neve tardia e as flores brancas das primeiras ameixas, justo naquela passagem entre as estações. Por uma curiosa articulação dos gonzos do tempo, estamos imersos no contemporâneo como num contexto de névoa, de nebulosidade, fenômeno que, conforme nos apresenta Guilherme Wisnik, *"passou a ser uma grande metáfora do mundo contemporâneo, em que tudo é nebuloso e a clareza sobre os processos históricos e a política foi perdida"*. Não estranhemos que nosso momento histórico tenha sido inaugurado pela queda das Torres Gêmeas, o que fez com que as quadras de Nova York ao redor do World Trade Center ficassem tomadas pela névoa de poeira gerada pelo colapso repentino dos edifícios.

A poesia que Felipe Fortuna nos apresenta em *Cerejeira*, existencial e politicamente impactada por todo esse conjunto de fatos, e também pelo advento da COVID-19, entre 2020 e 2022, atualiza o significado da flor para o nosso tempo – a chegada de algo como uma primavera ao fim da pandemia, ao lado de todo o sentimento de provisoriedade que ela parece ter instalado definitivamente entre nós –, mas, muito habilmente, emprega o recurso da poesia oriental acima citado, construindo poemas cujo pensamento opera entre quadros de imagens do contemporâneo para, como resultado desse *puzzle*, estabelecer uma crítica do presente. Sem se afastar um milímetro da ideia de que poesia é pensamento, essa crítica é operada pelo olhar do poeta, *flâneur* do planeta, com seu método de justaposição de partes de um mundo fragmentado e em grande parte ilegível. O que assoma nos poemas é que para ele, assim como para Baudelaire, em cada pequena parte da realidade estão presentes as suas contradições, cada fragmento uma mônada, que o poeta contrapõe, na página em branco, como pinceladas de Cézanne, na tentativa de perscrutar o sentido. No contexto desse procedimento de justaposição dos cacos do sistema, o *flâneur* se afirma como operador da crítica ao capitalismo: desajustado ao sistema, não é fortuito que num poema como "À Une Passante" Baudelaire ande no contrafluxo da rua, imerso em seu rumor, e num outro poema, como "Em Várias Ruas de Seul", o poeta afirme se defender.

Por isso, o *flâneur* é quem primeiro comparece no livro, embora não de pronto declarado e olhando para si mesmo refletido num feto. Depois observa o *Outro*, que pode ser (e não raras vezes é) si-mesmo, ou uma sua projeção, como em "Lêmur", provável companheiro de todos nós no esquecimento. Nesse caminho pela alteridade não poderia faltar a reflexão sobre o amor, sobre as transitoriedades e permanências do amor ("As Helenas" e "O Caleidoscópio"). Depois emerge a paisagem em sua lente, sempre relacionada, de algum modo, à passagem do tempo, como também emergem as visadas sobre a escrita, sobre a própria escrita, muitas vezes irônicas ou autoirônicas. Na segunda metade do livro a paisagem retorna, complexificada pela ação humana, instauradora de hemorragias no *corpoema*.

As referências diretas ou subliminares a Pascal, Ronsard, Baudelaire, Vivaldi, João Cabral, Matisse, Rimbaud, Dante, Sousândrade, Shakespeare, Zola, estão lado a lado com a presença de telejornais, supermercados, conjuntos habitacionais, desertos, rios cheios de lixo, garrafas PET, motoboys, ruas outonais, atropelamentos, e com a Jovem Guarda. Como é próprio de nosso tardomodernismo, também a fronteira entre alta e baixa cultura se rompeu, e esse rompimento é apropriado pelo poeta em todo o livro, consciente de que tal fenômeno não é bom ou ruim, mas apenas um dado da realidade que necessita de nosso olhar e interpretação crítica. Isso nos leva ao cordel "O Incrível Encontro de Buster Keaton com Samuel Beckett em Nova York e o *Film* que Filmaram Lá". Este longo poema parece concentrar, tanto em sua narrativa como em sua forma, todos os temas que atravessam *Cerejeira*: o silêncio, a arte como estratagema crítico de intervenção na realidade, o vazio do sentido, o olhar, a tensão – nem sempre conflitiva – entre o novo e a tradição, e, sobretudo, as questões da percepção da realidade, como ocorre com aquele poeta que chama a atenção para a indiscernibilidade entre os flocos de neve e as flores da ameixeira. Assim como na passagem de estações, em meio à névoa do presente, estamos entre dois mundos e vemos com certa indiscernibilidade, o que não nos exime de olhar, e buscar uma interpretação do visto.

O poeta-artífice, no entanto, demonstra saber que "seria um erro acreditar que o pintor trabalha sobre uma superfície em branco e virgem", na medida em essa super-

fície "já está investida virtualmente por todo tipo de cli-
chês", como propõe Deleuze a respeito do pintor Francis
Bacon. Enfrentar a consciência desse fato, seja diante da
tela em branco, para quem pinta, ou da página em branco
para quem escreve, não é tarefa simples. Felipe Fortuna en-
caminha sua esgrima encarando de frente a tradição, mo-
bilizando alguns de seus meios, mas colocando-se sempre
em um ponto deslocado que impede sua estagnação, que
a problematiza, como em "O Fazedor de Sáficos" e "Soneto
Todo Censurado" (este, uma pequena obra-prima). Os cli-
chês que aviltam alguma atualização do que nos foi legado
são tratados com sarcasmo, desconstruídos, e, em paralelo,
esse legado não é recusado.

Cerejeira se projeta, portanto, como crítica política,
existencial e ecológica do presente. O mundo industrial
(e suas versões semi-pós, porque ainda estamos produ-
zindo em escala industrial todo tipo de objeto desneces-
sário) equilibra sem sucesso as suas vantagens de desen-
volvimento e conforto com a produção de lixo (físico,
informacional, midiático) e o acirramento das desigual-
dades até o ponto extremo, que é verter o sujeito, no la-
birinto do presente, em mônada, objeto bêbado, *"ponto-
-sujo"* incapaz de prever ou formular soluções, por mais
que saiba onde fica a saída, posto que ela abre para o va-
zio congelante, para o silêncio, uma das formas da morte:
*"em silêncio, mas plugados;/ juntos, mas abandonados// no
tempo on line e sem fim,/ sem palavra e sem jardim"*. A este
sujeito, por vezes, a opção o situa como alvo móvel entre
a escolha de produtos numa gôndola (alvo do sistema)

e a bala 'perdida' (alvo de uma das formas de contestação ao sistema), como em "Liquidação", ambiguidade expressa no título do poema.

A mônada se exterioriza e funciona como pele do sujeito contra o horror. Ele diz: *"O banheiro/ é lá fora, onde fica o horror./ O horror eu não fiz"* (em "O Homem Dentro do Viaduto"). Ela pode ser um buraco no viaduto para o *homeless*, o apartamento do homem traumatizado pelo terrorismo ("Matéria ao Vivo"), uma relação muda entre duas pessoas que se ama(va)m ("Casal com Smartphones"), a vida, o silêncio e o vazio em "O Feto Assim Flagrado" e "A Moça na Livraria". Para o poeta, nenhuma cápsula – buraco, apartamento, sistema de vida, ideologia, fé – protege quem agora está desamparado, e, de frente para si mesmo numa cidade estrangeira (deslocado, por não nativo, e em casa, porque terráqueo), o poeta finca o pé no presente que não conforta, mas o vive, *"sem dor ou penitência,/ um outono a seco,/ como eu havia pedido"*, e que, entre o montante de coisas já refletidas, desejadas, formuladas, *"só por esquecimento faz surpresa"*. Talvez, nessa altura da História em que todas as ideias já foram, senão pensadas, ao menos intuídas, o esquecimento seja a chave para redimensionar, a saída criativa e criadora.

Articulações complexas que problematizam o vínculo entre o presente imediato e o que permaneceu do passado, a tradição, a História e sua narrativa, as mitologias, como em "Um Canto do Paraíso fiscal" (a ironia já se processa na apropriação sarcástica do título), no qual o poeta expõe o absurdo do sistema sem didatismo, e o faz contrapondo quadros de uma cena trágica em *terza rima*. Em "Fake News e *Fake News*", traz a demonstração de como essa História é refém e vive hackeada no contrabando dos discursos, com sua incontornável labilidade. Essa labilidade foi abalroada e exposta pelo medo da morte em que a pandemia nos lançou, nós, os que sobrevivemos, e os que não sobreviveram também, expostos, como em nosso caso, à inércia criminosa de um governo neofascista. Reafirmando seu procedimento de colocar a tradição em xeque, "Poema Viral" se apresenta como um conjunto de "versos de perigosa circunstância", demonstrando, sempre sem obviedade, quão próximos do abismo estamos porque guiados pelas mãos do neoliberalismo.

Se, como disse Benjamin e os poemas de Felipe Fortuna indiciam, *o presente está grávido do futuro*", por outro lado temos a vocação uniformizadora da língua, no qual o signo vira estereótipo, ferramenta dos fascismos que devem ser combatidos no interior da poesia assim como "*é no interior da língua que a língua* [por ser uma legalidade que oprime] *deve ser combatida*", conforme nos diz Roland Barthes, que, em um de seus livros, expressou o desejo – que deve ser o de qualquer poeta que tenha como objetivo escrever conscientemente – de inventar "*um modo de procurar – de modo livre – meu próprio estilo de presença nas lutas de meu tempo*". Tendo como fundo esse campo de contradições, *Cerejeira* cumpre integralmente tal desejo.

Copacabana, a três semanas da primavera de 2023.

Nota do autor

Os poemas de *Cerejeira* surgem em um momento no qual todos os leitores são também sobreviventes, ultrapassada a pandemia da COVID-19, mas ainda não totalmente a ocorrência das variantes e das mutações do vírus letal. Se em alguns poemas do livro esse assunto se evidencia, em outros parece existir como substrato e lençol freático, a conduzir secretamente uma mensagem que não está lá, mas poderá aflorar subitamente.

Para a maioria dos poetas, as sociedades nunca vão bem. As ameaças do poder – qualquer poder – constituído, a tecnologia a fornecer avanços mesclados com desumanização, o comércio desenfreado com ofertas de armamentos até em supermercados, o subemprego e a marginalização de cidadãos estão entre os assuntos que podem moldar um poema, com novas formas. Muitos passaram a entender as cidades grandes a partir de Charles Baudelaire; a instabilidade das sociedades mais desenvolvidas com *The waste land*; a fome e a morte com os versos de João Cabral de Melo Neto. E assim por diante.

Nada disso impediria, contudo, escrever um cordel como "O Incrível Encontro de Buster Keaton com Samuel Beckett em Nova York e o *Film* que Filmaram Lá". Com sua estrutura tradicional de septilhas e redondilhas maiores, a história contada quer demonstrar sobretudo perplexidade com uma das colaborações mais inesperadas das artes. Tanto assim que, ao tomar conhecimento do que havia ocorrido, pensei imediatamente em algo tão surpreendente e extraordinário quanto as pelejas, os causos, as narrativas e as fábulas do tipo *Encontro de Lampião com o demônio em Feira de Santana* ou ainda *História do lenhador e o dedal maravilhoso*.

A floração da cerejeira, entre o inverno e a primavera, denota otimismo, contudo. Em alguns países da Ásia inspira coragem para viver o hoje, e se impõe ao medo do dia seguinte. Também informa que a vida é transitória, o que ainda me parece ser a matéria-prima da poesia.

F.F.

O FETO ASSIM FLAGRADO

Eu não havia visto, à luz tão contrastada,
o feto assim flagrado, imóvel no mergulho,
calado, usufruindo um céu feito de chumbo
onde duas mãos hirtas, nítidas, abertas
não parecem pedir perdão nem mais comida.

Duas pernas dobradas aguardam a dança
na corrente sanguínea, enquanto flutuam:
contraponto de um chute, pulsação humana
que assusta a quem assiste esvair-se em santíssima
imagem pelos poros a buscar mais vida.

Na forma da cabeça um olho enxerga? O mínimo
coração em seu brusco arpejo percussivo
já sabe algo mais íntimo a ser decifrado?
Exulta de coragem, sente-se no centro
de um sol que expande os membros sem receita ou
[morte?

Já sabe ter voltagem? Sonha sem memória?
Escuta-se a si mesmo, prefere anular
a dor que não chegou à pele ou à membrana?
Já grita, como nós, embora se conspire,
e um impulso mais forte o faz contemplativo?

Ele mesmo pergunta e mostra o sexo. Mas,
por não saber que é visto, então desaparece

onde corais abraçam e jamais afogam.
Meus olhos que o descobrem em flor e espessura
imitam seu silêncio, aceso de vertigem.

A MOÇA NA LIVRARIA

A moça na livraria: seu
silêncio constante, enquanto lia
um livro à mão que lhe abria o tempo
à solidão dentro da leitura.

Eu nela me absorvia: na sua
imagem esguia de leitora
os olhos dela já percorriam
seus novos batimentos cardíacos.

No mesmo instante em que a vi, sabia
de um parágrafo feito um flagrante
de palavra alguma que foi dita:
imóvel, eu mesmo em afasia.

Depois, lentamente devolveu
o livro ao vazio que criara:
retângulo exato sobre a mesa,
e nenhum de nós soube em que página.

AMOU, NÃO AMOU

Amou? Não amou? Fizesse
tudo de novo ao vê-la:
na mesma esquina-surpresa
pretender (e o corpo arrisca)
retornar a ela à beça.
                    Sem desculpas
sobre estrelas mal posicionadas
e coincidências perdidas: amou
ou não amou, ela pergunta
e colhe dezenas, e forra a cama
e as pétalas giram só de olhá-las.

O silêncio não vale
nesse jardim: é melhor responder
na corredeira, e além do medo.
Amou ou não amou, turva criatura
cujo sangue não parou de circular
mas já se esquiva,
e a próxima volta não vem mais.

Não venha mais.
Sem responder,
ninguém precisa de você.

AS HELENAS

Aquilo que Ronsard dizia aconteceu:
as rosas que colhi fanaram-se lá atrás,
garotas que lançaram orgasmos nos bancos
dianteiros só perguntam se podem mandar
as fotos dos seus netos. Nenhuma esqueceu
de indagar se casei e se me sinto em paz.
Falam de operações, de medos, solavancos,
e sabem, sem malícia, que devem chorar.

*

Minguaram as Helenas todas, eu já sei.
E o "fantasma sem ossos" que comigo vive
discute informações sobre as enfermidades,
recorda-se de alguém, e esteve em um velório.
Levei três para casa, e assim me equivoquei.
Com duas me perdi. Com uma me contive.
Esses números flagram todas as idades.
Mas não me sinto mal, embora provisório.

O CALEIDOSCÓPIO

para Young Sun Woo

As peças que compõem
o amor que somos

no seu caleidoscópio
eu acompanho:

girando um desenho a Leste,
buscando constelação

na circunferência da vida
que tudo encaixa e ensina.

Ali ficamos, nas cores
de um esboço sempre novo

e a descobrir, fascinados,
luzes que nunca vimos.

Assim o amor faz conosco:
nada se perde ao deixarmos

uma forma original,
pois recompomos pedaços

que montam, remontam sem pressa
inesquecíveis surpresas.

EDITORA DO AUTOR

Eu é um Outro
sou Eu quem digo
o Outro que se vire.

Eu não sou Eu nem sou o Outro
sou qualquer verso que o Outro escreve
Eu que me resigne.

Eu sou terrível
e ponho mesmo pra derreter.
Outro que resfrie.

Eu sou um livro
talvez um Outro que se lhe equipare!
Se um cai, Outro se ergue e sonha.

E Outro mais, e, por fim, veio um atleta.
O Outro é o do sonho altruístico da espécie
sou Eu mesmo.

DOIS POEMAS PARA O MEU INIMIGO

1.
É meu inimigo: assim
me cria mais vivo.

Detesto-o e já o sigo:
inimigo dentro comigo.

Ele sabe o que eu minto:
sabe o que eu não desisto,

meu inimigo é ubíquo.
Serve para dar sentido

ao que mais abomino:
absinto, formicida, tiro.

Não quero
mas insisto
com meu inimigo.

2.
Surge o meu ynymygo: persigo
um modo de jamais vê-lo vivo,
mas seu tumor se infiltra em meus olhos
e logo pulsa com fogo e raiva.

O meu ynymygo é *avis rara*:
planta que morde o jardim botânico,
vento que esculpe devastação,
sombra que lamento em minha noite,

e faz tudo se despir com asma.
Nunca pensei que o meu ynymygo
não fosse eu mesmo, como disseram.
Lá vai ele com sua carótida!

E leva a minha também, percebem?
O meu ynymygo não faz greve,
e a sorrir irrita, a começar
pelo sinistro, canino ípsilon.

Diante do meu ynymygo, o corpo
secreta uma bile que domina
o hálito, o olhar, o fim do mundo,
o *e agora, José?* que faz nódoas

em cada parede onde penduro
o gesto afável, a sisudez.
O meu ynymygo sabe o mal
que é vê-lo vivo a colidir

contra meu devaneio e meu susto,
contra a superfície em que passeio?
Sabe de minha pele eriçada
se vejo o meu ynymygo oposto

à simplícima respiração?
O meu ynymygo – poliglota?
Zomba da tabela periódica
e caminha sem pedir esmola?

O meu ynymygo tudo alcança,
e morrerei antes dele, em pânico,
exausto ao fim do torto discurso
que, diuturno, diz que vou sumir.

LÊMUR

Não haverá poema para você,
tenho certeza. O seu olhar assustadíssimo,
seu giro hirto de dedos
e a cabeça em sequências rígidas
e bruscas tampouco serão
lembradas por um poeta.
Aqui há um mundo de aves, primeiramente,
depois, de grandes mamíferos, e de muitos,
muitos animais domésticos.
Você insiste, à maneira de um micróbio,
em se deitar na sala,
mas ninguém o quer ou vê.
Ninguém sabe o som que sai
da sua suplicante boca. Nem mesmo
o coletivo de lêmur tem registro
– e você se reproduz aos milhões, eu sei disso.
Sem poema, você não sobreviverá.
Estamos juntos.

ENQUANTO A LUA

Enquanto
em seu canto
a lua, um tanto

à margem, uma gema
que some além, flutua,
o que mais se contempla

é o halo que irradia
uma noite que seria
brilhante como o dia.

FALOU & DISSE

Eu sou inimitável:
o resto não tentou.
Eu sou onipresente:
o resto faltou.
Eu sou onisciente:
o resto se informou.
Eu sou o verbo, o céu:
o resto, Babel.
Eu sou o que sou:
o resto (desde Adão) é um rosto
na multidão.

POEMA ESTANTE

Ainda na penumbra, apenas
um perfil de aço ou de madeira
a estante avança
em direção a quem a vê:
não é mais estante, é só esfinge
que guarda no olhar, de soslaio
bruscas perguntas, convites repentinos
e sua fileira de destinos.

A vida quer: leitura.

O FRUTO DURO

Fosse uma uva de rocha
gnaisse em pele de quartzo
rosa que esconde seu cálcio,
o fruto engravida tácito

um verde, intenso caroço
no centro do seu palácio.
É mais ostra do que fruto,
mas, dentro, a pérola opaca

de esmeralda comestível
se fixa como posfácio,
embora se saiba dúctil
em noz oleaginosa.

Por mordê-la ou triturá-la,
macerando o seu mais íntimo,
encontra-se em fava um naco
do nome inteiro: pistácio.

DE QUATRO EM QUATRO

Outono. Muito bem. Começa o frio,
e as folhas, em camadas, juntam morte
sobre as ruas à frente, já douradas,
e o vento em bisturi cava seu corte.

Pensava que viria bem mais tarde,
e agora se instalou, fez seu derrame,
às vezes repentino, mas covarde,
sem alvorada alguma, só minguante.

As árvores desertam, formam vãos.
As cores amarelas voam pálidas
(com anemia, acabam rastejando)
e deportam ao léu ocas crisálidas.

A estação acontece sem desejo:
sente medo, mas segue. Talvez dê.
Gerencia com tédio o seu cortejo.
Vacila e, quando cai, fica à mercê.

O inverno que penetra como um sol
agora avança, e faz desertos limpos.
Deixa na pele um rastro, um naco de álcool,
e encontra seu caminho nos cabelos.

Prefere repetir-se, não criar.
Prefere incendiar-se sem ter luz:
é desabrigo – o gelo já rascante
que a um velório branco se conduz.

Estou em seu silêncio, reduzido
a ser junco pensante, em calafrios,
sem ter o feminino da libido,
sem fricção, sem manter o hálito aceso.

Vou esperar que os meses recomecem,
que brotem da elisão e anulem mais
o nada que pressinto agigantar-se.
Dói no corpo saber que não há paz.

A primavera explode em alergias
e extrai poemas de onde pode. Vem
baldia, vem espúria e transportada
ao terminal dos táxis e dos ônibus.

Aspiro outras promessas na cidade,
mas flores inegáveis nascem juntas
e crescem, sibilantes, muito austeras,
com pétalas de aguda ambiguidade.

Quer ser assim a tarde inteira, eu sei.
Crepúsculos terríveis se anunciam
e nem vidros fumês, nem toldos sujos
podem deter os bichos que gorjeiam.

Espirro e espero o fim da temporada,
sem muitos ideais, sem qualquer ênfase,
sabendo que brotou na hora errada,
e não avisa aos céus, por inclemente.

Verão que pinga, sim: desce ao pescoço
e aviva com seus gêiseres e archotes,
e extrai seiva do corpo por minutos
e insiste em me queimar todos os poros.

Vivaldi se inspirou, mas eu jamais.
Não me agito, e só penso em me infiltrar
na geleira ideal da minha Islândia,
no topo da Sibéria relaxante.

Aqui, no entanto, o Sol torce Mercúrio,
roça no asfalto os dedos maçaricos,
estraçalha bujões com seus lampejos,
e, ultravioleta, em túrgidos brasões,

me faz buscar a morte, além da sombra.
Calor como um gatilho: impublicável
e incandescente página da vida
que grava em cada oásis queimaduras.

CEREJEIRA

Não faltariam palavras.
Mas essa cerejeira
seus galhos plenos, suas flores espocadas
em branco roseado, revigorante
não quer mimese nem metáfora pedestre.
Não pede sequer contemplação
ou passeio reverencial
de quem a avistou, ainda longe,
e veio como que chamado à reza.
Ontem à noite ainda se misturava
ao negrume do fundo, ao silêncio
que agora espantou por ser tão nítida
por ser essa afirmação
e por saber que não dura tanto
embora o poema, feito de susto
como a floração
semeie a expectativa.

POLITESSE

Muito obrigado.
De nada.

Agradeço mesmo.
De nada.

Fico lisonjeado.
De nada.

De nada mesmo.
De nada somos feitos.

Para alguma coisa servimos.

ESCREVER É BRAÇAL

Escrever é braçal:
algas que puxassem
ao piso do oceano.

Escrever é nó:
no ponto em que torce
o que a palavra houver.

Escrever ama escrever,
inverte o fogo da vela,
faz oásis na geleira.

Escrever não sobra,
não paga a crédito,
persegue em silêncio.

Escrever recomeça
quando o copo está cheio.
Esvazia os órgãos internos.

Escrever repele o resto.

O LUGAR DA FALA

O lugar da fala
tem luz própria? ou vem
eclipsado e rente
ao que já resvala?

Insisto: é solar
o lugar da fala,
feito uma varanda,
ou só dizimar?

Utópico, oculto,
mais denso, mais certo,
o lugar da fala
é bendito fruto?

Ou não há lugar
para algum habite-se,
mas a placa muda
que indica alugar?

CONCURSOS LITERÁRIOS

Os que se inscreveram (antevejo)
escorregam em expectativas,
comentam com a família a foto
de quando foram muito pequenos
(mas não falam de César Vallejo).

Logo viram semifinalistas
(naturalmente, são todos bípedes),
o que aumenta o fluxo salivar:
perseguem assuntos e outros temas,
esquecidos de Thomas Bernhard.

É muito confusa essa cidade,
dizem os melhores finalistas
(ungidos em parágrafos doutos
de boletins de escassa tiragem
que nunca citam Oswald de Andrade).

— Se eu não ganhar, pouco importa: a obra
transcende minha ambição espúria
(que me tornou um ser mais fecundo).
E mando mensagem de pesar
destinada a Fernando Pessoa
por um livro que obteve um segundo
                    lugar.

O FAZEDOR DE HEROICOS

Vai devagar marcando um decassílabo
que lhe parece heroico, mas revela
o lirismo covarde da cautela.
Cada verso bem-posto seca os lábios.
Escreve com metrônomo e cansaço,
mas o ritmo perfeito engana à beça
e o poeta celebra a dor, sem pressa,
cuidando da cesura e do fracasso.
Acaba de riscar um ato falho,
e pergunta, em contralto emocionado:
a tônica na sexta faz do sábado
um dia de descanso ou de trabalho?

O FAZEDOR DE SÁFICOS

Quis escrever seu erotismo intenso
com verso sáfico e pontudo. Mas
logo notou não ser capaz nem denso,
e deletou uma palavra audaz
com aguarrás. Agora compõe uma
ode priápica, à maneira errada
(com ereção que só contém espuma),
como se fosse manter Safo atada
à discrição das suas noites brancas.
Faltou ao verso um hemistíquio à toa,
e ao pé da cama uma conversa franca,
um Casanova com proposta boa.
　　　Porém, é tarde e nem tenta safar-se:
　　　a sua tônica era só disfarce.

HOMO

Homo faber
frágil

Homo ludens
lucro

Homo erectus
aético

Homo sapiens
áspide

Homo bellicus
homunculus

ADIADO O ANNO DOMINI

adiado o anno domini:
ora pro nobis

cancelado o calendário:
mortis causa

o erro incorrigível
mea culpa
volta a acontecer
ad infinitum

et caetera

esses versos
ficta confessio
motu proprio
imprimatur?

SONETO TODO CENSURADO, CUJAS RIMAS FORAM DEVOLVIDAS DEPOIS DE MUITA INSISTÊNCIA

[-] terminava em -ato
[-] terminava em -ave
[-] rimava com -ato
[-] rimava com -ave

[-] terminava em -útil
[-] terminava em -árduo
[-] rimava com -útil
[-] rimava com -árduo

[-] terminava em -anta
[-] terminava em -mal
[-] rimava com -anta

[-] rimava com -mal
[-] terminava em -ogro
[-] rimava com -ogro

NO CENTENÁRIO DE JOÃO CABRAL DE MELO NETO

1.
No seu centenário de vida
um precipício apareceu,
empurrando tudo o que havia
em amontoado granel.

Mais cova do que precipício
onde tudo foi enterrado:
mais um Severino a serviço,
a cana rangendo em seu talho,

o cemitério, a aspirina,
a linha do Capibaribe,
a tarde de ferro, em Sevilha,
e o que mais a luz assimile.

Em vez de vida, a pandemia
fez como a fome sertaneja:
laçou por dentro a enfermiça,
interrompeu a fiandeira.

2.
2020 o viu portanto
em pares perfeitos e quadras,
mas lhe mostrou, com passo incauto,
que o simétrico abandonara:

que o rasante de um urubu
não era mais voo, rastejava;
que na superfície do sujo
não era possível mais água.

Em vez de homenagem, confim.
Em vez de verso, a quarentena
com que bem se celebra o sim
que sibila um não em surdina.

Nada disso lhe serviria
se não descobrisse a socapa:
o seu centenário de vida
já traz a morte escancarada.

OS CABELOS FLUENTES

uma colagem de Matisse

O assunto da cor. O recorte
que faz dançar o corpo colado.
Matéria de papel
feito céu.
A curva exata, porém música,
o desvio que sai a qualquer momento
e rabisca um definido desejo.
A sua forma alaga
como um rio: o talho é transbordante,
as margens são iguais até a foz:
tudo derrama
ao mar das mesmas cores.
Vence o vazio, sem retirá-lo
de sua configuração profunda, paralisante,
uma anêmona chamando
uma água-viva faiscando
um teatro sólido destacado
e esse pedaço da vida
que ocupa com força o seu espaço
que faz como um corpo pendurado
que ao se lançar
logo se admira.

O INCRÍVEL ENCONTRO DE BUSTER KEATON COM SAMUEL BECKETT EM NOVA YORK E O *FILM* QUE FILMARAM LÁ

Leitor prezado que agora
começa a ler meu relato:
peço atenção e silêncio
para que, sem muito ornato,
eu possa escrever com rimas
um enredo que me anima,
pois é fato e não boato.

Peço a palavra ao silêncio
para cantar o ocorrido,
que é por muitos ignorado.
E sigo assim decidido
a buscar na irresistível
narrativa ora legível
o que era desconhecido.

Em Nova York ocorreu
no ano de 64
o encontro de dois artistas
que com louvor idolatro:
no mês de julho se viram
e logo então produziram
um filme feito teatro.

(Aviso logo ao leitor
que os dois artistas jamais
se haviam encontrado antes.
Mas não me sinto capaz
de afirmar que houve amizade.
Quero só, com brevidade,
tratar de modo tenaz

de um encontro sem igual
de dois gênios que, com arte,
flagraram o ser humano
e juntos tomaram parte
numa aventura profunda,
irônica e assaz fecunda,
que vou contar *à la carte*).

O silêncio é importante
pois se fez matéria-prima
que um deles utilizou
bem à maneira da esgrima:
elegante, mas letal;
sóbria; tensa; visceral;
com força personalíssima.

O segundo se afirmou
pelo silêncio também.
Seu rosto imóvel logrou
uma expressão que ninguém
chegou perto de imitar:

cômica e séria, a burlar
da força que o riso tem.

Sem pressa logo direi
quem são esses dois criadores
que, apesar da contenção,
foram grandes transgressores
por escrito e no cinema:
arte como estratagema,
buscando novos valores.

Samuel Beckett, autor
de textos originais
sobre o drama da existência,
quanto menos diz, diz mais.
Irlandês de nascimento,
foi criador de talento
em suas peças cabais.

Com humor negro escreveu
Happy days, Fin de partie,
Eh Joe, Breath, Not I, Molloy.
Do absurdo ele se ri,
como se encarasse a face
de um perigo ou de um impasse,
onde a vida é *déjà vue.*

Um dramaturgo ao extremo,
que, em inglês ou em francês,

se mostrou um fatalista,
e parodiava clichês
de morte e de muita dor,
em tudo sabendo expor
nossa aguda insensatez.

Trabalhou com James Joyce,
outro irlandês afamado,
que lhe apontou a vanguarda.
Mas um dia, ensimesmado,
teve ideia alvissareira:
num estalo de Vieira
percebeu que estava errado.

— Não devo nunca escrever
os neologismos obscenos
de que tanto gosta o Mestre.
Vou buscar outros terrenos
e fazer tudo ao contrário:
em vez de inflar dicionários,
eu vou escrever bem menos.

— Pois bem sei que, agindo assim,
eu serei original.
Vou explorar o vazio
que mora em nós, afinal.
E mostrar, com sapiência,
o trágico da existência,
sua cadência fatal.

Assim disse e assim agiu:
de Schopenhauer leitor,
fez filosofia em cena.
E mostrou o íntimo horror
de viver ao deus-dará
sem garantir se Deus há,
em tom exasperador.

Com *En attendant Godot*
atingiu fama suprema:
nada acontecia ali,
e esse nada era o seu tema.
Uma espera sem por quê,
a se perguntar – "cadê?"
– o nosso maior problema.

Por sua vez, Buster Keaton
também merece respeito
pelo tanto que inovou.
Seu humor tira proveito
de marcante disciplina:
ao fazer rir, ele ensina
a nunca estar satisfeito.

Herói da comédia física,
esse artista conseguiu
tombar, cair e saltar
com imenso sangue-frio,
e o rosto paralisado

mais parecia copiado
ou de um truque ou de um ardil.

Assim ganhou o apelido
de *Buster* – pela proeza
de não perder a elegância
e de pular com destreza
fosse pedra ou fosse pau,
fauna, flora ou lodaçal,
sempre mantendo frieza.

"O Grande Rosto de Pedra"
– isso virou referência
do americano do Kansas
que, com grande irreverência,
brilhou no cinema mudo,
o cômico mais sisudo
e sério só na aparência.

– Eu comecei aos três anos
em peças de *vaudeville*.
Busco sempre o paradoxo,
para que o humor destile
uma essência muito humana,
que envenena e desengana,
e a rigidez aniquile.

– Vejam só *The general*,
filme não bem recebido.

Uma paródia da História
sobre os Estados Unidos
durante a Guerra Civil,
esse período sombrio
que jamais foi esquecido.

– Seu principal personagem
era uma locomotiva,
na qual fiz tremendas *gags*.
Apesar da narrativa
tão bem tramada, eu confesso
que, sendo pouco o sucesso,
minha carreira inventiva

foi tropeçar com mais força
do que eu mesmo conseguia!
Pois minha intenção, de fato,
estava além da alegria:
ser estoico e engenhoso,
artista meticuloso
com sóbrias acrobacias.

– Mas com *The cameraman*
tive um êxito notável:
uma comédia de amor
que me foi mais favorável
ao me deixar à vontade
e com oportunidade
de fazer algo rentável

para a Metro-Goldwyn-Mayer,
onde era proprietário
dos filmes que eu escrevia.
Foi ali o meu calvário,
pois, pouco a pouco, perdi
o talento que investi,
mal convertido em salário.

* * *

Aqui interrompo a fala
desse grande comediante
para voltar ao assunto
que julgo mais excitante:
o encontro profissional
dessa dupla sem igual
em um filme cativante.

O nome do filme é *Film*
– não se estranhe que assim seja.
Beckett escrevera *Play*,
numa síntese que almeja
transmitir só o sucinto
e mostrar o labirinto
onde o ser sofre e fraqueja.

Com mais de 20 minutos,
o filme foi dirigido
pelo amigo Alan Schneider.

Foi ele quem, decidido,
convidou o renomado
ator de ilustre passado,
que logo foi convencido.

E assim fechou-se o contrato
desse filme vanguardista
que juntou, num só lugar,
uma dupla que despista
a plateia mais atenta;
uma dupla que reinventa
o mais hábil trapezista,

e faz do clamor silêncio
e, da verdade, uma triste
hipótese a comprovar.
Por isso, ainda se assiste
às obras daqueles dois:
nada ali se decompôs,
e o que fizeram resiste.

* * *

Marcou-se enfim esse encontro
bastante peculiar.
Os prazos bem apertados,
nada podia falhar...
Foi bem grande a correria,
pois o encontro ocorreria
no dia de trabalhar!

Samuel Beckett e Buster
Keaton, numa tarde quente,
se conheceram por fim.
Nenhum dos dois eloquente.
Mas ambos determinados
a buscar bons resultados
no cronograma exigente.

Beckett foi quem deu início
às saudações usuais:
— Sou seu fã e muito admiro
as comédias magistrais
que o amigo concebeu.
Elas são seu apogeu,
obras de força mordaz.

Keaton bebia cerveja
quando o novo amigo veio.
Sentiu-se um tanto confuso
com todo aquele floreio
que o irlandês lhe lançou.
Mas de pronto se aprumou
e disse, sem titubeio:

— Sei também da sua obra,
tão distinta da que eu faço...
Meu trabalho é popular,
embora cause embaraço
o meu rosto sempre sério

ou mesmo um certo mistério,
pois, se caio, não me amasso...

Beckett de pronto entendeu
o que ali Keaton dissera.
Pois numerosos atores
se expressavam com severa
reserva ao que ele escrevia.
Keaton, no entanto, sabia
dar opinião sincera:

– Sou grato pelo trabalho
que aqui realizarei.
Eu vi que é cinema mudo,
que para trás já deixei...
Uma dúvida presente:
vanguarda não é pra frente?
Mas releve o meu *fair play*...

Beckett enfim divertiu-se
com tão aguda ironia.
Percebeu no ator alguém
cuja graça contagia,
e lhe explicou, lentamente,
por que era tão exigente
em tudo o que ele escrevia:

– Minha vanguarda é bem velha,
só trato do conhecido:

vida, morte, espera, angústia,
medo, silêncio, resíduo,
tudo aquilo que perdemos
e que sempre refaremos
por instinto malnascido.

— Não me desculpo por ser
pessimista até o tutano.
Vida es sueño, mas a mim
toda vida é só engano.
Essa vontade de *ser*
é pior que a de *querer*!
Tudo está no mesmo plano!

Keaton ficou ponderando
sobre aquela explicação.
Beckett soube transmitir
muita compenetração,
falando com lucidez
e notável polidez,
impecável na expressão.

E Keaton também falou
de modo um tanto incisivo:
— Meu humor é corporal,
e eu não gosto de improviso.
Estudo cada sequência
com bastante persistência,
buscando encontrar o riso

onde for menos provável.
Repetir muito é preciso,
e esse meu lema eu repito!
O corpo humano analiso
no limite da potência,
em busca da quintessência
do meu estilo conciso.

– Quando caminho, sei bem
onde preciso chegar.
Graças ao cinema mudo,
pude enfim investigar
a função de cada músculo,
não importa se minúsculo,
desde que eu possa domar.

– Não usei tanto as palavras
(Keaton seguiu a dizer).
Por isso, no seu teatro,
percebo que se conter
é muito mais importante
do que se colocar diante
de um obstáculo a vencer.

Beckett se maravilhou
com aquele entendimento.
"Cada um tem seu silêncio",
refletiu por um momento.
E, ao estender a conversa,

sem sinal de controvérsia,
foi direto ao seu intento:

— Será que então poderíamos
já tratar do meu roteiro?
Escrevi bem poucas páginas,
procurando ser certeiro
na forma quanto no fundo:
pois o menos é fecundo
e muito mais verdadeiro.

Keaton de pronto aceitou
o que lhe propunha Beckett.
O irlandês lhe deu a cópia
impressa numa plaquete,
e, indicando-lhe o início
daquele drama fictício,
fez seguir o *tête-à-tête*:

— A inspiração vem de Berkeley,
idealista irlandês,
um filósofo que admiro.
Foi ele, com altivez,
quem deixou instituído:
que *ser é ser percebido*.
Um primor de nitidez!

— Em latim, *esse est percipi*,
eis o que ele formulou.

E eu criei um personagem
que em seu delírio tentou
perceber tudo ao redor,
mas sempre a se contrapor
a quem o viu ou o olhou.

– No roteiro que escrevi,
o olho é peça essencial:
é uma câmera faminta
que capta todo o real.
E o personagem se esconde,
sem conseguir achar onde
escapar daquele mal.

– Por isso ele cobre tudo
que consiga percebê-lo:
gato, cachorro, janela,
desenho, e mesmo um espelho.
Uma batalha que o leva
a buscar a própria treva
e a viver em pesadelo.

– Conheço a luta feroz
de quem só quer perceber,
mas não quer ser percebido.
Luta que vai envolver
a razão – e o corpo inteiro!
O olho é órgão traiçoeiro
quando alguém quer se esconder.

Buster Keaton escutou
a tudo o que o escritor
com muito zelo explicara.
"Será bem desafiador
compor esse personagem
que elimina a sua imagem
– e, além disso, sem humor!"

Mas não demonstrou qualquer
aflição ou agonia:
"sequer verão o meu rosto...",
pensou, mas sem apatia.
"As coisas estão dispostas:
só me filmarão de costas!
Isso, sim, me contraria!"

Percebendo Buster Keaton
um tanto inquieto e agitado,
Samuel Beckett falou
em tom ameno e pausado:
– Não veja em mim um problema:
você conhece cinema,
aqui faço aprendizado.

– Vou dividir as imagens
para chegar ao que eu quero:
um olhar vai persegui-lo
com foco limpo e sincero;
o outro olhar será o seu,

cujo foco esvaneceu
e chegará logo a zero.

Ironizando as palavras
que o irlandês lhe dissera,
Buster Keaton comentou
da maneira mais sincera:
— Só vi desafio assim
quando inventei para mim
uma ginástica austera:

foi quando filmei *Day dreams*,
e entrei nas pás de um navio,
girando ali como um rato...
Mas eu não sou arredio,
não vou fugir ao trabalho.
Vamos ver mesmo se valho
a fama que eu angario.

Samuel Beckett gostou
da citação de *Day dreams*.
Lembrava-se bem do filme
(a cena dos manequins
também foi muito marcante):
— Porém, a mais intrigante
estava quase no fim.

— Era a cena do suicídio,
de longe a que mais gostei.

Tentando matar-se logo
– corrija-me se inventei –,
com um tiro na cabeça,
você dispara depressa
e em seguida diz: "Errei!"

– Aquela cena tão cômica,
que mistura drama e riso,
por muito tempo marcou-me.
Na cena toda diviso
a força tremenda do erro,
à qual ainda me aferro,
como algo de que preciso.*

*[Aqui peço ao meu leitor
a possível atenção
entre colchetes e itálicos.
Pois, na minha opinião,
a força daquela cena
não foi de fato pequena
e merece reflexão.

Ao escrever Worstward Ho,
talvez um poema em prosa,
Beckett gestou uma ideia
que agora ficou famosa:
"Try again. Fail again. Fail
better." Não é devaneio
demonstrar a sinuosa

e similar concepção
entre aqueles dois artistas
em situação-limite
e percepções pessimistas.
E mais não quero alongar-me,
evitando todo alarme
contra os meus pontos de vista].

Assim prosseguia o encontro
dos dois artistas de peso,
que tinham muito a dizer.
Alan Schneider, surpreso
com a conversa que ouvia,
disse aos dois que já queria
fazer um filme coeso

sobre a amizade nascente
que no estúdio apareceu,
justificando, a brincar:
"É bem mais forte do que eu!".
E assim, com delicadeza
e sem delonga ou tibieza,
explicou o plano seu:

– Perto da ponte do Brooklin
encontrei algo sublime
para a nossa locação:
um pátio que bem exprime
um espaço muito hostil

como o roteiro previu.
E assim filmaremos *Film*.

* * *

Film começa com um olho
que foca no espectador:
enorme, esse olho abre e fecha,
igual ao obturador
de uma câmera apontada
a uma luz ou ao nada,
mexendo-se com tremor.

Um olho embaçado e velho,
cansado de tanto olhar:
parece trazer consigo
a memória de um lugar,
ou, no excesso do seu *close*,
alguma luz que repouse,
pronta para se apagar.

Esse olho lembra bastante
as cenas iniciais
do filme *Un chien andalou*.
Mas não ocorre jamais
cena que aluda à navalha
que o olho do bicho talha,
com seus efeitos brutais.

Buster Keaton então surge
correndo próximo ao muro
de um pátio todo em escombros.
E em meio a tanto monturo,
segue a caminhar nervoso
– um tanto inabilidoso
em seu tortuoso apuro.

Até que esbarra com força
em um casal bem à frente
que lia, unido, um jornal.
Em seguida, estranhamente,
olhou e foi bem olhado
pelo casal assustado,
e apressou seu passo urgente.

Na sequência percebemos
que o casal se amedrontou
com a câmera que o viu.
Mas Buster Keaton ficou
voltado para si mesmo,
caminhando sempre a esmo,
e dali se retirou.

Virou à esquerda e se foi,
de maneira fugitiva,
sempre visto pelas costas.
Com sua figura esquiva,
entrou em um edifício,

uma espécie de cortiço,
com rapidez impulsiva.

Lá dentro, uma escadaria
levava ao andar mais alto
ou, à direita, ao mais baixo.
Mas em meio ao sobressalto
do seu caminhar convulso,
ele consultou seu pulso
– homem nervoso, mas cauto.

Por que checar batimentos
naquela tremenda pressa?
De repente, uma senhora
o seu caminho atravessa,
descendo um lance de escadas.
Ela se mostra assustada
com a câmera, e depressa

desmaia, e cai no chão,
deixando cair também
as flores que carregava.
Ele ali não intervém,
e sobe ao primeiro andar,
conseguindo logo entrar
no apartamento que tem.

Já lá dentro ele se fecha
e checa de novo o pulso.

Um lenço o rosto cobria,
arrancado num impulso:
é quando olha ao seu redor
o decadente *décor*
com seus objetos avulsos:

uma janela, um espelho,
uma gaiola, um retrato,
e, numa cesta no chão,
um cachorro junto a um gato,
tudo sendo percebido
por um olhar precavido
que procura anonimato.

E, não querendo ser visto
nem por ninguém nem por nada,
fecha a cortina do cômodo,
que, apesar de esburacada,
consegue bem protegê-lo
do seu próprio pesadelo
de ter a presença olhada.

Em seguida, se incomoda
com o espelho à sua frente,
que teria refletido
a sua imagem urgente,
não tivesse, sem engano,
pendurado nele um pano
a cegar o reluzente

reflexo que indicaria
estar sendo percebido.
E, usando o mesmo critério,
logo se viu convencido
a se livrar do felino
que tinha olhar bailarino
e, talvez, salto incontido.

O gato foi despejado,
jogado no corredor.
Logo em seguida, o cachorro,
enxotado com vigor.
Mas, em meio à confusão,
houve ainda ocasião
para se fazer humor:

pois, no afã de se livrar
do cachorro que expulsava,
o gato, que estava fora,
ao seu espaço voltava.
Resolvida essa questão
que lhe causava aflição,
outra questão despertava:

no espaldar de uma cadeira
haviam sido entalhados
dois orifícios simétricos,
a dois olhos comparados!
Mas Buster Keaton media

o que aquilo lhe dizia,
e ia para outros lados.

Por exemplo, na parede
pendia estranho retrato
de um boneco de olhos grandes.
Aquilo era um desacato!
Arrancando-o do lugar,
começou a destroçar
o mau papel de imediato.

Com obsessiva visão
ele analisava o espaço
que procurava habitar,
tudo causando embaraço.
E de dentro da gaiola
há um papagaio que o olha,
e que ele olha *pari passu*.

Usando o seu sobretudo
e atuando com presteza,
cobriu a gaiola e o pássaro.
E na mesma ligeireza,
em meio ao mobiliário
viu que existia um aquário
pousado sobre uma mesa:

o olhar pequeno de um peixe,
fosse embora acidental,

igualmente o perturbava.
Do mesmo modo cabal,
cobriu tudo de uma vez.
Só então se satisfez,
cumprindo o seu ritual.

Voltou logo a se sentar
na cadeira de balanço.
E ao checar tudo o que fez,
procurando algum descanso,
abriu envelope antigo
que já trouxera consigo,
e se sentia mais manso.

Pois de dentro do envelope
ele acabou retirando
um total de sete fotos
para as quais ficou olhando.
Fotos dos seus pais queridos,
da noiva, dos anos idos,
que aos poucos foi contemplando.

Fotos dele mesmo, quando
ainda muito pequeno
para as quais deu atenção.
Parecendo mais sereno,
chegou a se comover
consigo mesmo, ao se ver
em momento bem ingênuo,

segurando no seu colo
o próprio filho, talvez.
No entanto, a última das
fotos não o satisfez:
era ele mesmo, de frente,
mirando decerto a lente
com notável rigidez.

Com gestos bastante bruscos,
foi decidido: rasgou,
uma a uma, as sete fotos
que com zelo ele juntou.
Gestos de pura alforria:
cada foto o *percebia*,
e a todas eliminou.

Ele usava um tapa-olho
naquela foto final,
que havia sido tirada
em rara pose frontal:
foto que não o melhora,
e o mostra como é agora,
do modo mais natural.

E, após rasgá-las, voltou
ao ir e vir da cadeira.
Checou seu pulso de novo
daquela mesma maneira
enervada com que agia

ao longo de todo o dia,
em agitada carreira.

Finalmente adormeceu
ao sereno balançar,
sabendo que destruíra
tudo o que lançasse olhar.
Mas, de repente, alarmado,
voltou do sono alcançado
como se fosse enfartar.

Não sabia se era sonho
ou árdua realidade —
o fato é que à frente via
o seu duplo "de verdade":
via a si mesmo com medo,
com susto, em cópia, arremedo
de sua monstruosidade.

O seu próprio olho o via
em outro (o mesmo) bem-posto.
Sentiu que desmaiaria,
levou suas mãos ao rosto,
olhou de novo, era olhado
por olho igual, incrustado,
e olhando-o a contragosto.

Olho que o deixava exposto
e inteiramente indefeso

tirando-lhe o pressuposto
de que aliviara o peso
de perceber e de ser
percebido ao já nascer,
em um mundo predisposto.

Isso tudo lhe causara
desumana confusão,
como rimas reiteradas
sem que se saiba a razão;
nas quais uma identidade
já não encontra vontade
de só ser imitação.

Surge assim o fim de *Film,*
com o ator em desespero,
porque jamais conseguiu
sobrepujar o entrevero
que o mero olhar exigia,
como um atento vigia
a controlar com esmero.

O olho que pisca no início
volta a aparecer no fim.
O espectador olha o olho
como um *voyeur* bem ruim —
pois não supera a ameaça
que por inteiro o devassa,
furando-o como um cupim.

Aqui termina, leitor,
a narrativa intrigante
dessa parceria insólita
que jamais seguiu adiante,
mas deixou, sem ironia,
um filme-filosofia
com seu roteiro marcante.

Muitas interpretações
haverão de aparecer
sobre filme tão complexo
que aqui busquei descrever.
O ser humano persiste
em fazer, com dedo em riste,
seu argumento vencer.

Mas um filme como *Film*
não se abandona tão fácil:
pede sempre um comentário
que o liberte e desenlace-o
de alguns mistérios que tem,
tratando-o como convém,
sem excesso e sem posfácio.

* * *

É notório que no filme
Buster Keaton é objeto:
perseguido pela câmera

que persegue o seu projeto
de nunca se deixar ver,
pronto a desaparecer
aos poucos e por completo.

Seu olhar é desfocado,
com bem pouca limpidez.
Mas o olhar que vem da câmera
mostra ser de outro jaez.
Por isso assustava tanto
e causava tanto espanto
com sua enorme avidez.

Samuel Beckett nos mostra
não ser possível fugir
do olhar do outro e de si mesmo:
o olho quer interferir
em toda a nossa existência,
sendo imagem e potência
que sempre vai invadir

e oprimir a percepção
que nos faz, no entanto, humanos.
Nada se pode fazer
para escapar aos enganos
de ser percebido assim,
"com o outro ao redor de mim",
ciente dos seus arcanos.

O cinema é simulacro
– e igualmente a realidade.
Que o diga Dziga Vertov,
que, com profunda acuidade,
o *cine-olho* arquitetou,
e a verdade questionou
com muita emotividade.

Um diretor seminal
que nos ensina a pensar
o que é representação.
A imagem quer disfarçar?
A imagem é tal como a vida,
que atrai, mas logo intimida
quem deseja interpretar?

Ou o cinema será
constante metalinguagem,
cujo maior objetivo
é o da produção da imagem,
já que tudo nos engana
e a certeza só profana?
Seria essa a mensagem?

Em *Film* se vê Buster Keaton
aniquilar cada olhar
– até de Deus, se preciso.
Só assim pensa alcançar
a devida plenitude

que lhe serena a inquietude,
para a vida dominar.

Modernamente imagino
que *Film* previu sem querer
um tema que com certeza
não há mais como esquecer:
falo da privacidade
que, em alta velocidade,
tende a desparecer.

O esforço de um ser humano
tocar a vida em segredo
não parece mais possível.
Ao chegar, chega mais cedo
uma forma de observá-lo
que lhe vai causar abalo
e, por que não?, até medo.

Nesse sentido, eu insisto
que *Film* é filme de horror.
Talvez horror filosófico,
cujo enredo faz supor
que tematiza o poder,
sem com isso proscrever
o formalismo e o rigor.

Horror em tudo entranhado,
infiltrado na rotina:

de quem perdeu o sossego
e que o controle abomina.
Horror de gerar um choque
que em mãos alheias coloque
o poder da disciplina.

Assim, leitor, me despeço
desse cinema-problema,
ou melhor, dessa película
que é em si mesma um emblema
de um certo tipo de abismo
a revelar um truísmo
que mais parece um dilema:

como fazer para olhar?
De fato, é nessa questão
que ainda agora me centro.
Ficar em exposição,
tornar-se "celebridade",
buscar visibilidade,
só aumenta a lotação!

Graças a você, leitor,
transmiti todo o conjunto
daquilo que pretendia
transformar no meu assunto:
de como um breve convívio
redundou num filme incrível
(e eu ainda me pergunto...).

Um filme curto e certeiro
como (espero) esse cordel
no qual contei o que olhei,
não podendo ser fiel
– pois é lição aprendida:
um filme iguala uma vida
ao final do carretel.

MOSCOU, A CAPITAL

Tão grande, tão afamada,
é difícil pegá-la pela alça.
Vale mergulhar logo na caixa
dessa cidade áspera, de prédios
vestidos de paredes, de ruas insistentes,
essa Moscou de becos lapidados,
que é um rosto cheio de vincos
e com sede.
Cidade circular (embora
com as tábuas daquela caixa),
cidade também
perpendicular para quem a atravessa
em todas as estações.
Assim caminham as pessoas
centrífugas e centrípetas
a escutar tiros, adivinhar facadas,
a trazer na cintura ou na própria calça
todas as armas.
Essa cidade renasceu, morreu de novo, renasceu.
Perfila até os pássaros, extingue os fogos-fátuos,
lança aos cemitérios os patriotas,
a música feita por milícias,
quantos queiram trabalhar
e desaparecer. Essa Moscou carnívora,
vermelha e fulgurante, povoado rubi
que já corre dentro do corpo
de quem aqui respira

o mais difícil ar que o céu envia.
Essa Moscou riscada por diamante duríssimo
impiedosa como a lápide.

GAVIÃO

Pousado
no alto galho seco
um gavião
vi um gavião
acima da ciclovia de Brasília
súbito e vasto como aquele Electra II
rasante sobre uma rua de Santa Teresa
no poema de Ferreira Gullar.
Gavião no susto,
como instantâneo de bico, penas, olhos agudos,
vi ao mesmo tempo a coisa alada,
o poema com garras na memória
e, sopro de espuma, o meu poema se fazendo,
soletrado entre pedaladas
ofegante surgindo, em meio ao redescoberto
                                             [equilíbrio
de quem viu o bicho
suas asas que
na manhã de todas as bicicletas
também se pareciam,
idênticas diziam
serem elas mesmas o poema
que eu queria,
que eu inspirava e expirava.

EM VÁRIAS RUAS DE SEUL

Em várias ruas de Seul
essas folhas caídas,
o outono espalhado e prestes
a queimar:
        eu me defendo
ao pisar nessas folhas e apagar
sua brasa mortiça, seu pálido
incêndio a sobrevoar.
        No centro
da calçada impávida, essas folhas
mais amarelas ainda
        não se sujam
e antes seduzem sapatos, chicletes
restos de comida, tudo esquecido

mas suave, sem dor ou penitência,
um outono a seco, como eu havia pedido
e só por esquecimento faz surpresa.

O PLANETA DE TODOS NÓS

Escrevo este poema no momento em que somos
7 bilhões 882 milhões 961 mil 698 pessoas
que palmilhamos embaçamos danificamos ordenhamos
assombramos
contorcemos impedimos
o planeta Terra,
que gira sem fim
os desertos e os conjuntos habitacionais.

Deu bastante trabalho chegar aqui,
mesmo porque
cada um de nós prefere órbita própria.

No futuro, este poema será recitado
por muito mais pessoas,
se houver investimento.

Até lá, sempre será repetido:
unidos venceremos.

RUMO À FOZ

1
Um rio todo de lama e sem margens:
os peixes mortos e inchados como as vacas
(as vacas também mortas, com pulmões petrificados).
Nada escorre, mas o rio se move
com sua mão pesada, empurrando pedras
no presídio. O rio é um bicho que não foge.

2
O rio não é um bicho:
o rio é todo lixo.
Escombros que descem à noite,
provocando. Humanamente rio
de merda, que cobriu o salto,
o brilho, a prata, a faísca
das escamas que existiam.
O rio que respira à força.

3
Ninguém sabia
que um rio poderia coagular.
Ninguém sabia
que a vida de um rio
era a sua hemorragia.

À GARRAFA PET

Vai, garrafa PET, vai para longe empestear
o mar onde já nadei. Ou vai petrificar o lago,
ladrilhá-lo todo, do fundo à margem,
com sua alga de plástico.
Vai, pétala de poliuretano, vai petar
os peixes que sobrenadam sem ar, os tubarões
ao léu, as estrelas-do-mar turvas de asfixia,
as tartarugas paralíticas. Vai, vai longe
sem mensagem lá dentro, *bouteille ivre*
e petardo mortal a flutuar, sobrevivente
às ondas que não conseguem chegar.

*

Vai, garrafa PET, viajar inoxidável, inviolável
imprestável, insaciável. Vai, invólucro
que um dia converterá o dia em cápsula
e enterrará nos confins das águas
o caixão em forma de bolha.
Barco peticego que jamais afunda,
solto petrecho a matar tudo que habita:
cavalo-de-Troia-em-tubo, ponto-sujo, estilete
de politereftalato de etileno. Vai eterizar
a vida e não vai – na multidão *et cetera* –
sequer matar a sede.

ONDE FICA?

Sentados meio empacotados
no ar, em vão, logo após
perfurada a primeira nuvem
as senhoras e os senhores
aceitam chá?
aceitam refrigerantes
com bolhas sem ar?

Sabem mesmo onde fica
a saída de emergência
que nos leva ao vácuo
e ao congelamento rápido
da perna esquerda da clavícula
e dos demais ossos
e de todos os olhos?

Se não sabem, sejam bem-vindos.
Leiam sobre o colete salva-vidas
afivelem-se ao assento
na posição em que a dor fica.
Não fumem nem se houver medo.
Acendam a luz se der errado.

A turbulência vem dentro:
vomite-a dentro do saco.
O resto da vida
é mais imediato.

Diferente da sua casa
da quitinete imobilizada
aqui as senhoras e os senhores

podem sair pela asa.

Permaneçam sentados meio empacotados.
Tem sido assim
antes mesmo da decolagem.
Olhem lá fora o infinito.
Tem sido assim
desde o início.

CASAL COM SMARTPHONES

Sós e a dois, ao sol a pino:
casal que vive, inquilino,

em silêncio, mas plugados;
juntos, mas abandonados

no tempo on line e sem fim,
sem palavra e sem jardim.

Nenhum diálogo vem:
só mesmo o som de ninguém

no melhor aplicativo
do dia de ficar vivo.

Não há conversa, nem beijo,
nenhum clamor, nem desejo,

nem sopro ou frase de amor,
nem suor, nem cobertor:

em frente ao outro vigia
a mais torpe epifania

que a tela lisa deleta
com sua garra centrípeta.

Nenhuma luz fica acesa,
a menos que chegue à mesa

a chamada que os espera.
O ser humano já era.

MITOLOGIA PEDESTRE

Bem no estreito,
pelo hiato
rarefeito,
artefato

solto no asfalto,
entre veículos
e alto equilíbrio
sem sustentáculo,

arranhando o ar
com escapamento
a todo bramir
o seu xingamento,

atravessa com rodas
e invade o esconjuro
em fatal, veloz rota
o motoboy centauro.

MATÉRIA AO VIVO

Terra arrasada é isso
(ele dizia). Restos humanos
à fúria ao léu ao delírio
e apenas se vê o logotipo
de um corpo e de uma bolsa
de supermercado.

No fogo lento depois do ataque
(ele dizia) um jornalista
captou o estrondo a explosão
do carro que vinha à frente
e do outro atrás, toda a família.
Foi por um triz (ele dizia).

Eu não sei o que fazer.
A terra treme quando levanto
no meu quarto sem cama (ele dizia).
Às duas da tarde já
não dá mais para voltar atrás
(ele dizia) (ele dizia).

Não quero ficar assim, é melhor
fugir da entrevista. Fecho a porta
mas no olho mágico há minas terrestres,
franco-atiradores, balas perdidas
que acenam rasantes e atingem
à luz do dia
(ele dizia).

LIQUIDAÇÃO

*He said he had thought about getting
a pint of ice cream but changed his mind
because the aisle was too far away.*
CNN, March 23rd 2021 at 11:10 a.m.
GMT+9 and so on

A primeira bala perfurou o frasco de shampoo e o de
                                        [condicionador,
alojando-se, depois de atravessar a estante de madeira,
na lata de cera polidora para automóveis
na outra seção
no outro corredor.
A segunda bala acertou precisamente a cabeça
que hesitava entre cabelos secos e cabelos normais.
Qualquer decisão teria sido muito boa,
pois os produtos expostos na borda
da prateleira agora ensanguentada
sofreram desconto.
Teria sido importante
levar para casa
marca tão respeitada
de uso contínuo.

UM CANTO DO PARAÍSO FISCAL

"Aqui estão os mortos. Veja, ao lado,
os corpos sem ventura de quem quis
cobrar impostos vis, sem ser culpado."

Assim eu caminhei, e me desfiz
do medo de pisar no breu do solo:
no asfalto pegajoso um infeliz

jazia feito em pedra, e sem consolo.
"Em vida especulou com muitas vidas,
sorria ao lucrar com dor e dolo,

mentiu para gozar dessas traídas
pessoas que lhe tinham confiança
e, logo após, se viram destruídas.

O inferno de Sousândrade não cansa
de erguer ruas muradas a quem passa:
juros, taxas, promessas de bonança

que a mão alheia acena, mas devassa."

O HOMEM DENTRO DO VIADUTO

Eu mesmo fiz o furo
no concreto.
     Lá dentro
fiz sala, quarto e uma pia
e um fogareiro.
      O banheiro
é lá fora, onde fica o horror.
O horror eu não fiz.

Não fiz o viaduto.
Mas agora, homem feito,
emerjo à luz qualquer do dia
entre vigas e vergalhões poentes
pilastras aprumadas e grafitos
tudo erguido
para o meu habite-se.

Já sonhei resíduos. Já busquei
no lixo onde sentar, banco em tripé
pedras e latas calcinadas.
Sirvo para mim um café sem forro.

Por aqui me encosto. Também esbarro,
sei tropeçar, rastejei muito, meus dois pés
incharam justo em uma noite de Natal.
Não peço mais nada: quero ficar.

Noites de faróis. De semáforos. Os carros
aceleram a céu aberto e, lá em cima,
passam ônibus em chamas ao fim da linha,
horários de trabalho, raivas impressas
no retrovisor.

Essa noite também se abriga aqui.
Eu, vizinho, homem feito,
passo por frestas e desapareço
e entro tarde para morar.

A enchente não me atinge. Um dia
mais povoado de insetos
desliza por minhas mãos, e passa.
Um dia de choques elétricos
e o vento farpado que sibila
a canção sem conforto.

Cheiro de panos, muros lascados,
um ponto de nervura lateja
na mesma panela onde como.
Atravessei de novo.

Havia o sol, quando me importava.
O ar parece que não para, graças a Deus
não guardo retratos.
Movo o escorpião, assusto os ratos.
Um dia terei família.

FAKE NEWS E *FAKE NEWS*

Fake news sempre existiu.
Está dito em Shakespeare:
a narrativa do assassino,
o regicídio dissimulado,
só quem se deu muito bem
pode contar o que houve.
Fake news sempre existiu,
mas se você disser que não
destruirei a narrativa,
bicho empalhado no susto
de uma flechada de medo.
Fake news é bom demais,
mostra a vida paralela,
mais bela e mais balela,
mais vistosa anemia
do sol que morre na praia.
Vamos viver de *fake news*
e limpar com sal grosso
e mandar à refinaria
essa verdade que nos detesta.

Fake news *nunca existiu.*
Está gravado em Zola:
tira o carvão com suor,
não tem folga e mata de fome,
só quem morre pode extrair
o que houve no fundo da mina.
Fake news *nunca existiu,*
mas se você disser que sim
farei outra narrativa,
mais densa, mais radioativa,
daquelas que queimam no escuro.
Fake news *acaba em merda,*
mostra a vida paralela,
apela, cai na esparrela,
faz transfusão de uma vida
às veias da vida alheia.
Ninguém vive de fake news
a não ser no precipício
onde caiu, feita de palha,
essa verdade que resta.

POEMA VIRAL
(VERSOS DE PERIGOSA CIRCUNSTÂNCIA)

Sabe o seu sorriso? Virou
imagem do precipício,
vertigem com máscara.

A sua respiração, ofegante
ou não, comeu-a por dentro
o medo, sem consternação.

Está sozinho, na cozinha
aguardando a comida aquecer
só para você? Alguém virá

para corrompê-lo, meter a mão
onde faltava limpar o pó
da sua infecção? Mais tarde

alguém deixará de soprar?
A superfície das coisas
é toda abissal? E as esquinas

têm ângulos fatais, afiados
como um dia de sol a pino
onde a sua sombra sumiu?

Tenha muito cuidado.
Cuidados intensivos.
Fique vivo.

O MUNDO LÍQUIDO

Hemogramas completos de mim mesmo:
gota a gota me cercam corpo a dentro
para fotografar plaquetas nuas,
leucócitos fatais, veias escuras,
que dizem *sou assim*, enquanto vivo.
Ali estou chapado em ferro sérico,
mas sou, em sangue vivo, diferente:
abraço com potássio, troco o sódio
por amor e sensível proteína,
conformado Proteu, sombra do hormônio
que na circulação jurou ser eu.
Esse rubro são páginas jorradas,
valores que me dão porque deixei
aberta ao escrutínio a pulsação,
exposto ao guarda o trânsito tremendo
das jornadas e noites e dos vinhos
que agora vêm e vão e me levaram.
Glicose à beça em meio à pandemia,
lipídios em jejum muito suspeito,
olhos que enfrentam pálidos o sol
e percorrem a sós, semicerrados,
a má coagulação.

                      Louvo esse instante
em que me liquefiz e me espalhei
por tubos e por vasos constritores
até chegar a mim, já liberado
do método, do peso, da função,

tangido por sereias e ureias
que um dia seduziram e se foram.
Mais livre e radical, porém ao lado
de hemorragias plenas que me queimam.

O cordel "O Incrível Encontro de Buster Keaton com Samuel Beckett em Nova York e o *Film* que Filmaram Lá" foi publicado, com o título editorial de "Cada Um Tem Seu Silêncio", na revista *Piauí*, edição 148, de janeiro de 2019.

Os poemas "Lêmur" e "Enquanto a Lua" foram publicados na revista eletrônica *Mallarmagens*, de agosto de 2020.

Os poemas "No Centenário de João Cabral de Melo Neto", "Poema Viral" e "As Helenas" foram publicados na revista *Piauí*, edição 169, de outubro de 2020.

Os poemas "Homo", "Matéria ao Vivo" e "Editora do Autor" foram publicados na revista *Piparote*, de junho de 2022.

Livros do autor

Poesia
Ou vice-versa (1986)
Atrito (1992)
Estante (1997)
Em seu lugar (2005)
A mesma coisa (2012)
O mundo à solta (2014)
Taturana (2015)
O rugido do Sol (2018)
Um livro de amizades (2021)

Crítica literária
A escola da sedução (1991)
A próxima leitura (2002)
Esta poesia e mais outra (2010)

Ensaios
Curvas, ladeiras – Bairro de Santa Teresa (1998)
Visibilidade (2000)

Traduções
Louise Labé – Amor e loucura
(1995; 2023, 2ª edição, revista)
Basil Bunting – Briggflatts (2016)

ESTE LIVRO, COMPOSTO NAS FONTES FAIRFIELD E BASIC SANS,
FOI IMPRESSO EM PAPEL PÓLEN NATURAL 80G/M², NA GRÁFICA ROTAPLAN.
RIO DE JANEIRO, NOVEMBRO DE 2023.